ADAUTO FELISÁRIO MUNHOZ

Vida de Santa Filomena

Patrona da Juventude e dos Aflitos

Ladainha, Novena e Orações

EDITORA SANTUÁRIO

Dados Internacionais de Catalogação na Publicação (CIP) de acordo com ISBD

M963v Munhoz, Adauto Felisário

Vida de Santa Filomena: Patrona da juventude e dos aflitos. Ladainha, novena e orações / Adauto Felisário Munhoz. - Aparecida : Editora Santuário, 2025.
104 p. ; 14cm x 21cm.

Inclui bibliografia.
ISBN: 978-65-5527-517-9

1. Religião. 2. Cristianismo. 3. Santa. 4. Mártir. 5. Igreja Católica. I. Título.

2025-2582 CDD 240
CDU 24

Elaborado por Vagner Rodolfo da Silva - CRB-8/9410

Índice para catálogo sistemático:
1. Religião : Cristianismo 240
2. Religião : Cristianismo 24

1ª impressão

Rua Pe. Claro Monteiro, 342 – 12570-045 - Aparecida-SP
Tel.: 12 3104-2000 – Televendas: 0800 - 016 00 04
www.editorasantuario.com.br
vendas@editorasantuario.com.br

APRESENTAÇÃO

São João Maria Vianney, o "Cura D'Ars", foi um de seus grandes devotos. Em todas as suas dificuldades, recorria à poderosa intercessão de Santa Filomena. Pela seriedade que esse santo representa no coração da Igreja, podemos dizer que isso confirma a existência de Santa Filomena, pois ele, em vida, confirmou, em suas experiências místicas, tê-la visto e ter ouvido sua voz.

Uma santa muito popular e muito invocada! Suas relíquias existem e são veneradas em Mugnano, na Itália, o que não se pode, de forma alguma, colocar em dúvida sua existência. Muitos de seus devotos testemunharam graças e milagres obtidos por sua intercessão.

Fiquei edificado quando conheci alguns episódios de sua história. Em sua homenagem, compus a canção "Filomena, Anjo da Luz", gravada pela cantora cristã Karim Fernanda. Partilho com os leitores essa experiência de conhecer uma santa tão jovem, porém determinada em suas convicções de fé e heroísmo.

Pela experiência ruim vivida sob a pressão obsessiva do imperador, ela passou a ser invocada como protetora dos aflitos, atribulados, das pessoas que sofrem de depressão e também protetora dos jovens esposos. Mas sua proteção não se limita a essas causas. Invocada como protetora das crianças, dos adolescentes e até de animaizinhos doentes e abandonados. Ninguém fica sem resposta, porque ela procura atender a todos.

Biografar um santo ou uma santa, aparentemente, pode parecer algo fácil, mas não é, porque isso exige muitas pesquisas. Não deixa de ser algo fascinante, mas é preciso ser fiel à verdade sobre a vida e os feitos do biografado sem omitir os fatos reais de sua vida nem acrecentar fantasias de coisas que não aconteceram. Em muitos casos, uma biografia exige mais de um ano de constantes pesquisas e buscas de fatos históricos da pessoa. Até seus pensamentos e suas palavras, que ficaram escritos, precisam ser analisados. Em primeiro plano, é preciso estudar, analisar e expor o lado humano do biografado. Em segundo, é preciso estudar, refletir e expor seu lado religioso e sua ascese espiritual na busca da perfeição. Esse é o caminho que mostra a forma que cada santo fez para eliminar suas falhas e imperfeições para atingir a santidade. Ser santo é ter Jesus Cristo como o maior objetivo da vida e amá-lo como Deus e Senhor.

Esse é o maior segredo de ser santo. Ao ter esse objetivo, a perfeição vem como consequência.

Um livro com a vida, os feitos e o testemunho de um santo sempre traz um ensinamento salutar para quem o ler. Grande mestre universitário, São Tomás de Aquino, sempre valorizou essas narrativas literárias. São Domingos de Gusmão e muitos outros santos também tinham especial predileção por essas leituras. A vida de um santo pode produzir maravilhas. Foi lendo um livro sobre a vida de São Domingos de Gusmão que o grande Santo Inácio de Loyola entrou em processo de conversão. O testemunho é tudo e pode produzir transformações.

Sempre afirmo que, quando lemos a biografia de um santo, recebemos uma dose de catequese que pode nos edificar. A vida de um santo tem essa finalidade. Sua vida, suas lutas, seus exemplos e sua evolução espiritual nos ajudam a caminhar na santidade. O santo nos mostra que, mesmo sendo humanos e sujeitos a falhas, podemos conseguir um alto enlevo espiritual e atingir a santidade. Tornar-se santo deve ser o objetivo de todo cristão. Esse convite é Jesus Cristo que nos faz: "Sede santos, como vosso Pai celeste é santo" (Mt 5,48).

A vida corajosa de uma jovem adolescente, como a de Santa Filomena, que viveu em uma época de grandes perseguições aos cristãos, pode, nos dias de hoje, servir-nos de exemplo e ser modelo para todos, principalmente para a juventude que, às vezes, carece de referências. Santa Filomena sofreu torturas físicas e psicológicas na prisão, que lhe causaram imenso sofrimento. Ainda assim, não fraquejou e permaneceu firme na fé, por isso é também invocada na cura da depressão, uma doença que faz vítimas aos milhares. Que Santa Filomena, por meio de sua vida, de sua história, traga exemplos e ensinamento para todos nós e, sobretudo, seja nossa poderosa intercessora diante de Deus.

O Autor

A ORIGEM

Existia um pequeno reino na Grécia, com o nome de Corfu, onde o rei não tinha filhos, porque sua esposa, a rainha, era estéril. Esse era um motivo de grande tristeza e desgosto para o casal de soberanos, porque não haveria quem sucedê-los quando partissem desta vida terrena. A rainha, embora de origem real, não tinha parentes, e o rei também não. Diante dessa incerteza, viviam cultuando os deuses mitológicos, imaginários, pagãos da Grécia, onde havia inúmeros deles. O casal de soberanos, diante de sua tristeza, não deixava de oferecer preces e incensos para eles. Mas nada acontecia; não havia respostas a seus pedidos.

Deus, como sempre socorre os corações honestos e bem-intencionados, vendo a sinceridade do casal, manifestou sua misericórdia mediante um médico romano, que havia na corte. Doutor Públio era seu nome.

Um cristão convertido e fervoroso, vendo a tristeza do casal, foi inspirado pelo Espírito Santo e passou a trabalhar cuidadosamente a ponto de catequizá-los, falando-lhes de Jesus Cristo.

Quando uma ideologia, cheia de heresias, envenenada de erros de fé, encalacra na mente das pessoas, mesmo a verdade sendo mostrada e provada, há enorme dificuldade de ser aceita. Uma célebre frase de Santo Inácio de Loyola bem define essa questão: "Para quem acredita nenhuma prova é necessária. Para quem não acredita, nenhuma prova é suficiente". Mesmo diante da cegueira espiritual dos soberanos, comovia-se com a tristeza de ambos pelo fato de não terem filhos. Embora vissem a sinceridade e as convicções do doutor Públio, quando falava dos ensinamentos evangélicos, surgiam dúvidas e dificuldade de aceitar. O médico, incentivando o casal a abraçar a fé cristã, falou-lhes que, se pedissem a Jesus Cristo a graça de serem pais, seriam atendidos. Por isso o rei fez um pedido, no qual colocou toda a sinceridade. Se Jesus lhe desse um filho ou uma filha, ele se converteria ao cristianismo. Tocados pela misericórdia divina, pediram o batismo. Vale salientar que o médico aqui mencionado, embora não tenha sido mártir, tornou-se um dos santos da Igreja católica: *São Públio*.

O NASCIMENTO

A esperança de receberem de Deus a graça de se tornarem pais mexeu com a sensibilidade do casal de soberanos. Tocados pela misericórdia divina, confabularam com o médico Públio revelando a ele o desejo de serem batizados. Ao conhecerem o cristianismo, converteram-se a Jesus Cristo e passaram a seguir fielmente seus ensinamentos evangélicos. O rei e a rainha foram batizados por um sacerdote católico que atendia a comunidade local.

Quem se entrega de corpo e alma, nas mãos de Deus, não fica sem a resposta ao pedido que faz. Por isso não demorou muito para que a rainha sentisse os sintomas da gravidez tão sonhada e desejada. E, em 10 de janeiro daquele ano da graça de Nosso Senhor Jesus Cristo, nasceu a princesinha herdeira. Agradecidos pelo presente que receberam de Deus, inicialmente a chamaram de *Lumena*, porque ela nasceu sob a *luz da fé* de seus pais. Mas, no dia de seu batismo, deram-lhe, na pia batismal, o nome de *Filomena*, que significa amiga ou anjo da luz. Aquela criança era um milagre de Deus! O mesmo ocorreu com Sarai, esposa de Abraão, que era estéril, e Deus lhes deu Isaac quando ela já tinha passado pela menopausa. Também aconteceu com Isabel, a mãe de João Batista; com Ana, a mãe de Samuel; e com Ana, esposa de Joaquim, os pais da Virgem Maria. Deus pode tudo, porque Ele é o Deus do impossível. Filomena está nessa galeria do cumprimento da promessa de Deus.

Os pais da pequena princesa lhe dedicavam grande afeição em todo tempo possível. O rei sentia-se tão feliz e realizado que não suportava tê-la por muito tempo longe de seus olhos. Enquanto desfrutava de todo o carinho e toda a atenção de seus pais, Filomena crescia linda, inteligente e instruída na fé católica. Desde pequena, a menina recebeu toda instrução cristã, como convém a uma criança nascida em um lar cristão. Sua mãe foi sua primeira catequista e ensinou todas as orações compatíveis com a formação de uma criança.

INFÂNCIA E JUVENTUDE FELIZ

Um filho esperado por tanto tempo, sonhado e desejado por seus pais não vinha. Certamente por motivos biológicos, esse sonho não se realizava. Como Deus é fiel em suas promessas, atendeu o pedido do casal. O palácio foi inundado de alegria por aquele presente de Pai.

Filomena nasceu e teve uma infância normal cercada de todo cuidado e carinho de seus pais. Recebeu todas as regras e disciplinas em sua formação, porque esta é a missão dos pais: preparar os filhos para o futuro. Em sua infância, teve tudo do que precisava e o que queria, porém dentro dos limites. Ainda bem pequenina, foi instruída na fé cristã e nas ações de piedade: rezava, participava das missas com seus pais e ouvia as passagens da História Sagrada, relatada a ela por eles. Embora a Grécia mantivesse viva entre seus cidadãos sua vasta milotologia com deuses e heróis invencíveis em aventuras e feitos fantásticos, Filomena, assim como seus progenitores, era cristã e não acreditava em nada disso.

Naquele tempo, não havia escolas da forma que conhecemos hoje, dentro de um modelo jesuíta, com um mestre dentro de uma sala de aula ensinando os alunos. Quem era pobre era analfabeto porque contratar um professor para ser alfabetizado custava muito dinheiro. Somente as pessoas abastadas tinham acesso aos conhecimentos pedagógicos. Filomena teve a oportunidade de estudar com os melhores mestres, porque o reino o qual seu pai governava pertencia à Grécia, que, no passado, foi famosa por seus sábios que nos legaram importantes obras filosóficas. Ela amava os livros, pois sabia que deles que vinham os conhecimentos, e que esses, com o tempo, transformavam-se conhecimentos em sabedoria.

A jovem princesa viveu sua infância e adolescência cercada do carinho e da atenção de seus pais e amigos que frequentavam o palácio; era uma pessoa alegre e feliz como todos os jovens de sua idade.

CONSAGRAÇÃO

O testemunho de seus pais foi fundamental para a formação de seu caráter e de sua fé. Como eram religiosos, rezavam com ela e a levavam à Santa Missa.

Na idade certa, começou a ser alfabetizada por mestres competentes contratados por seu pai para lhe darem uma excelente, formação pedagógica e acadêmica. Foi também nessa época que Filomena iniciou a Catequese e passou a receber uma formação mais teológica da fé, dentro dos ensinamentos evangélicos de Jesus Cristo.

Ao conhecê-lo de forma mais profunda, ficou extasiada e se encantou com Ele. Como naquele tempo ainda não havia as ordens religiosas que recebiam mulheres que consagravam a vida a Deus, aos doze anos de idade, movida por imenso amor, fez voto de virgindade perpétua, consagrando-se inteiramente a Jesus como sua esposa, prometendo-lhe ser fiel e dedicada. Por isso sua vida também passou a ter uma caminhada mais segura e consistente. Ela se tornou uma mulher consagrada esposa do maior de todos os Reis. Em sua breve existência, levou a sério essa consagração e a viveu de forma intensa com profunda consciência e fidelidade.

E, diante de todos os exemplos evangélicos, vivenciados por seus pais, como praticantes de obras sociais, passou a ter uma vida mais intensa nesse campo, socorrendo os mais pobres e necessitados. Mesmo sendo princesa, procurava ter uma vivência simples, como convém a quem segue, à risca, o Evangelho de Jesus Cristo.

TRIBULAÇÕES NO REINO

O trabalho missionário dos Apóstolos de Jesus Cristo foi intenso. Espargiram o Evangelho por todos os recantos do Oriente. Embora São Paulo tenha chegado até a Grécia, havia um grande problema em relação ao domínio romano, o maior do mundo. Como sempre há aquela forte conotação política em tudo, a imposição da religião e dos deuses mitológicos romanos foi uma forma de manter o povo sob o jugo do medo e da obediência às ordens dos governantes de forma escravagista.

A ambição do imperador de Roma era sem limites, por isso, por querer sempre mais, ainda que tivesse consquistado tantos reinos, chegou também ao pequeno reino onde os pais de Filomena eram os soberanos. Uma invasão era tudo que precisava para destroná-los e dominar o povo.

Essa invasão provocou sofrimentos ao povo. Então, sentindo que as forças de seu exército eram menores e ineficientes para combater o grande número de soldados romanos, o rei tomou uma decisão: ir a Roma para uma audiência com o Imperador Diocleciano, pedir clemência para seu povo e implorar que não fizesse mal para seus concidadãos, assim tentar fazer um trato de paz, visto que seu reino era pequeno.

Com essa decisão, o rei, a rainha e a filha Filomena partiram, felizes e esperançosos, na expectativa de dar bom termo a essa empreitada, para Roma, em uma longa e cansativa viagem.

VIAGEM PARA ROMA

Se soubessem o que os esperava em Roma, jamais teriam feito aquela viagem. A intenção do rei era boa, porque advogaria em favor de seu povo, que não merecia passar por tamanhas perseguições como outros reinos já vinham passando.

Diante do imperador, o rei, com sua esposa e filha, pediu clemência em favor da população de seu pequeno reino. Diocleciano, um ser humano desprezível, que ficou famoso na história por tantas perseguições aos cristãos, mandando martirizar muitos, nunca fez nada sem levar vantagens para si próprio. Ele, cujos olhos, diante do pedido do rei, fitaram imediatamente a jovem e adolescente Filomena, prometeu-lhe que jamais faria brigas com ele e com seu povo; que não haveria invasão ou tomada de poder, ao contrário, dali em diante, colocaria seus soldados para proteger seu território, para que o povo pudesse viver em segurança. Mas dessa bondade dava para desconfiar, porque todos sabiam que ele era perverso, devasso e malvado. Por estar acostumado a ter tudo o que queria em suas mãos pela posição que ocupava, fazia e desfazia das coisas como bem entendia. Como havia posto os olhos sobre a princesa adolescente e se encantado com sua beleza, teve a ideia, que fermentou dentro de sua cabeça durante todo o tempo da audiência, de pedi-la em casamento. Seria uma troca de favor: ele protegeria o pequeno reino e, em troca, teria a primeira como esposa. Diocleciano sentia-se seguro a respeito da proposta e da resposta que teria.

NOVAS CONFABULAÇÕES

No dia seguinte, quando se encontraram para dar continuidade à conversa, sem nenhum escrúpulo, pediu ao rei a mão de Filomena em casamento. O rei, diante desse pedido feito pelo imperador do maior império da terra, ficou perplexo. Pelo lado humano, pleno de interesses, achou até interessante e mostrou-se simpático ao pedido, prometendo que iria falar com a filha.

Ao chegar à pousada, onde estava hospedado com a família, sentou-se com a esposa e a filha e expôs tudo sobre a conversa que tivera, salientando o tema sobre o pedido de casamento que ele lhe fizera.

Como reis, rainhas, príncipes e princesas casam-se entre si, o rei estava até achando normal aquele pedido. Mas Filomena, apesar de ser uma filha obediente, recusou-o na hora. Seu pai, perpelexo, tentou mostrar a ela a honraria que estaria abraçando; e sua mãe, fazê-la ver que seria a imperatriz do maior império do mundo.

Filomena, irredutível, foi clara e decisiva ao dizer: *Não posso me casar com ninguém porque já sou casada, meu esposo é Jesus Cristo. Nenhum homem da terra tomará seu lugar em meu coração.* Por mais que seu pai tentasse convencê-la a agir de forma diferente, não mudou de ideia. Ao afirmar que já era casada, seu pai soube da consagração particular que fizera a Jesus Cristo. O rei revidou usando de todos os argumentos possíveis, afirmando que uma menina de doze anos não tinha idade para se dispor de si própria como bem lhe aprouvesse.

Filomena mostrou-se firme em sua decisão. Vendo a resistência da filha, o rei fez outra tentativa: usar sua autoridade de pai para obrigá-la a lhe obedecer. Ela, tomada de uma coragem sobrenatural, não aceitou. Depois, tentou fazê-la ver que seu casamento poderia favorecer muito a proteção do povo de seu reino, chegou a quase ficar de joelhos implorando que a filha levasse isso em consideração, mas Filomena afirmou que seu reino era o do céu e não o substituiria por nenhum outro da terra, não trocaria sua felicidade eterna no céu por um reino efêmero da terra.

O IMPERADOR É REJEITADO

Pretensioso, soberbo e audacioso, Diocleciano impunha medo até nos homens mais valentes e corajosos. Sempre acostumado a ser obedecido e a jamais ouvir um "não" de ninguém, acreditava que teria uma resposta favorável a seu pedido. Mandou chamar o rei, pois estava ansioso pela resposta. Por obediência, o rei não pôde deixar de se apresentar.

Diante o imperador, o rei disse que tinha conversado com a filha, mas ela estava irredutível em aceitar seu pedido.

Ao saber que, princesa o rejeitou, Diocleciano quis vê-la pessoalmente, pois acreditava que tinha talento para seduzi-la. Vendo aquela menina linda, em sua frente, uma ninfeta em plena flor da idade, foi tomado por uma luxúria diabólica e quis fazer valer seus desejos e sua vontade.

Antes de o imperador começasse expor sua conversa, o rei tentou uma vez mais convencer Filomena:

– Minha filha! Tem compaixão de teus pais. Pensa em nosso reino e nas consequências que isso pode acarretar com o sofrimento de nosso povo. Sê sensata, minha filha, pensa em nosso reino.

– Meu reino é o céu! Eu me consagrei, de corpo e alma, a Deus. Jesus é meu verdadeiro esposo. Não existe nada que me faça mudar de opinião em meu objetivo.

Cada vez mais encantado com a beleza da princesa, Diocleciano argumentou sobre todas as vantagens que o pai de Filomena teria em seu reino sob sua direta proteção. Reafirmou que ninguém faria nenhum mal a nenhum habitante do reino e para lá enviaria seus soldados para proteger todos. Tantas promessas de vantagens convenceriam uma mente frágil, mas Filomena era inteligente, forte e determinada e não poderia ser uma moeda de troca dentro de uma transação entre seu pai e o imperador em tratado de paz.

Vendo-a irredutível, Diocleciano ficou com raiva dela. Como poderia uma menina tão frágil se mostrar tão forte e decidida em sua convicções! Enraivecido, mandou prendê-la imediatamente. Ele acreditou que, sob ameaças e privações, ela mudaria de ideia, voltaria atrás e o aceitaria como eposo.

Então, Filomena foi amarrada pelas mãos e pelos pés e levada para um cárcere subterrâneo do palácio. Dessa forma, Diocleciano tentou pôr terror na mente da princesa, a fim de conseguir mudar sua posição.

COMEÇAM AS PERSEGUIÇÕES

Acreditando que essa atitude faria as coisas mudarem, Diocleciano ia pessoalmente, todos os dias, galantear Filomena renovando suas promessas de privilégios e vantagens. E, para mostrar que era bonzinho, ordenou que libertassem suas mãos dos ferros que a mantinham presa. Dessa forma, poderia se alimentar com um pedaço de pão e um pouco de água. Mas essas falsas gentilezas não a convenceram. Filomena não era ingênua e sabia que, por detrás dessa bondade, havia outras intenções.

As visitas diárias eram repletas de galanteios, elogios e promessas. Elogiava sua beleza e fazia a princesa ver que, casando-se com ele, se tornaria poderosa, a imperatriz mais importante da terra. Todos esses argumentos não surtiam nenhum efeito, pois a jovem princesa se mantinha firme em seu propósito.

Vendo que perdia tempo com seus argumentos, repletos de lisonjas, ele, furioso, ordenava que a amarrasem novamente às correntes e a privassem de comer e de beber água, pois tinha convicções de que, por meio do sofrimento, conseguiria dobrar a ferrenha opinião da jovem.

Diante de tamanho algoz para uma adolescente, aqueles que tiveram acesso a ela no cácere testemunharam que, nos momentos mais difíceis de sofrimento, ela se recomendava a Jesus e a sua Santíssima Mãe. Era deles que recebia toda a força e consolação para suportar todo o flagelo que estava sujeita a sofrer por rejeitar quem não era acostumado ter alguém que lhe resistisse com tamanha determinação.

UM TEMPO DE PROVAS E VITÓRIAS

Já havia se passado trinta e sete dias de sofrimentos constantes, quando Filomena foi contemplada com uma visão mística. Em um brilho exuberante com a auréola sobre a cabeça, a Santíssima Virgem Maria apareceu-lhe na cela segurando nos braços o Menino Jesus. Nossa Senhora a confortou com palavras maternas:

– Minha filha, tem paciência. Ainda ficarás neste lugar por mais três dias. No quadragésimo dia, irás abandonar este local onde te encontras cativa.

Ao contemplar essa visão e ouvir as palavras da Santíssima Virgem, o coração de Filomena entrou em êxtase de alegria. As palavras da Mãe do Céu fortaleceram todas as suas convicções. Mas Nossa Senhora a preveniu de que os flagelos ainda não tinham terminado.

– Minha filha, quando deixares este lugar ainda sofrerás terríveis tormentos por amor a meu Filho. Terás ainda trinta e sete dias de tribulações, mas depois meu

Filho e eu viremos buscá-la para que no céu recebas sua glória eterna.

Com essas palavras da Virgem Maria, o coração de Filomena entrou em desespero, e ela toi tomada por imensa aflição como se já fosse uma agonia mortal. O que já tinha sofrido até então já era demais para ela, teria de se preparar para algo ainda pior.

Vendo a aflição e a angústia de Filomena, Nossa Senhora a tranquilizou:

– Tem coragem, minha querida filha! Eu serei teu amparo. Agora viverás um período de transição, passarás por humilhações humanas, mas não te preocupes, porque, quando chegar a hora do julgamento, receberás todas as forças da graça divina. Além de teu Anjo da Guarda, terás também a teu lado a presença constante do Arcanjo São Gabriel, cujo nome significa "A força do Senhor". Quando eu estava na terra, era ele meu guardião e protetor. Agora eu pedirei a ele que fique sempre contigo, protegendo-te. Tem confiança, minha filha querida!

Ao ouvir essas palavras, o coração de Filomena se tranquilizou e a abasteceu de coragem.

O carrasco, que tinha sido designado a fazê-la sofrer, por uma permissão especial de Deus, teve o privilégio de contemplar essa visão beatífica de Filomena.

Após proferir as últimas palavras, a visão se desfez deixando na prisão um suave perfume celestial.

Tocado por Deus em seu coração, o carrasco, que tanto mal fizera a Filomena a mando de Diocleciano, naquele momento, converteu-se, abraçando a fé cristã. Ele e todos os membros de sua família se tornaram seguidores de Jesus Cristo.

O IMPERADOR PERDE AS ESPERANÇAS

Vendo que todos os seus intentos de nada valiam, Diocleciano começou a perder a esperança de conseguir convencer Filomena a aceitar seu pedido de casamento. Por ser irredutível e determinada, provocou a ira de seu algoz. Uma pessoa na posição dele não poderia ser rejeitada por uma princesinha de um minúsculo reino da Grécia. Isso era algo inaceitável, pois havia muitas mulheres que fariam de tudo para terem o privilégio de serem sua esposa. Na verdade, Diocleciano era um pervertido e adúltero, pois já era casado. Mas para ele bastava descartar a imperatriz e se casar com outra que ele quisesse. Era bígamo, trígamo e sabe mais o quê. Um homem inteligente, quando é rejeitado, sabe se comportar com classe e muita ética. Já um grosseiro, parvo age de acordo com sua personalidade, desprovida de ética e educação.

Diante da resistência de Filomena, ordenou que ela fosse torturada com mais rigor. Então tomou a decisão de aterrorizar a jovem fazendo com que, diante do sofrimento, tivesse medo e resolvesse quebrar seu voto, feito a Jesus Cristo, de tê-lo como seu esposo e permanecer pura. Ordenou que ela fosse amarrada a uma coluna e açoitada. Em cada chicotada que recebia, era injuriada com terríveis blasfêmias. Enquanto assistia ao suplício de Filomena, ele a provocava gritando:

– Já que insiste em preferir um malfeitor, que foi condenado a morrer pregado em uma cruz de madeira por seus próprios compatriotas, a mim, que sou um imperador poderoso, sofra então, princesa, todos os castigos que merece.

Mesmo a vendo coberta de feridas e sangrando, continuava a tentá-la com suas promessas. E tudo dependia de Filomena para pôr fim naquele sofrimento todo. Como continuava imutável em sua decisão, mandou que fosse novamente recolhida à prisão, para que agonizasse até morrer.

DEUS NÃO ABANDONA QUEM É FIEL

Para Filomena algo estava mais claro do que nunca: sua sorte já estava lançada, ou seja, seu destino já estava determinado pelo cruel imperador. Sabia que era só questão de tempo para que tudo se consumasse.

A luxúria cega a pessoa, que, ávida de desejos, comete atrocidades, inclusive mata quando se sente humilhada por ouvir uma resposta negativa a suas propostas. Filomena tornou-se objeto de obsessão para Diocleciano e também a causa de sua tortura psicológica. Quanto mais era rejeitado mais enfurecido ficava tentando conseguir o que queria. Se houvesse uma dose de amor naquele sentimento, tudo seria diferente. Causar sofrimento ao objeto de desejo é uma forma de compensar a humilhação pela rejeição.

Filomena, consciente do que lhe aguardava e sofrendo no corpo as dores das feridas que recebera pelas torturas, não perdia a fé e rezava com fé, aguardando o desfecho que a levaria para junto de Jesus, seu Divino Esposo. Como Deus é fiel em sua Palavra: *Se creres, verás a glória de Deus* (Jo 11), no momento em que de joelhos rezava, teve uma visão beatífica: uma imensa luz brilhou a seu redor e lhe apareceram dois anjos resplandecentes, que foram derramando bálsamos sobre cada uma de suas feridas. Quando a visão acabou e os anjos se foram, Filomena não tinha mais nenhuma ferida no corpo. Foram totalmente curadas por aqueles dois emissários de Deus.

Pela manhã, Diocleciano enviou duas pessoas de sua confiança ao cárcere para saber se Filomena ainda continuava viva. Vendo-a totalmente curada, relataram tudo ao imperador, que quis certificar-se pessoalmente daquele relato. Para sua surpresa, encontrou-a mais bela ainda e sem nenhuma chaga no corpo. Ele próprio não podia acreditar no que via. Mas, como todo oportunista, não perdeu a chance de usar seus argumentos com a princesa, dizendo que tinha sido curada pelo poder de Júpiter, um dos deuses mitológicos, que era uma versão romana de Zeus, um deus mitológico grego. Disse que aquele milagre havia acontecido porque Júpiter a destinava para a coroa imperial, para ser a impertriz de Roma e sua esposa. Nessa hora, o Espírito Santo iluminou a mente de Filomena, que percebeu que aquilo não passava de um sofisma, isto é, um pensamento que fugia da razão, da realidade, para conduzir a uma conclusão falsa. Por isso rejeitou esse argumento e toda tentativa de sedução do imperador, afirmando que só Deus poderia fazer milagres como aquele com o qual havia sido agraciada.

NAS ÁGUAS DO RIO TIBRE

Apesar das atribuições ao mitológico deus dos romanos, é possível que nem Diocleciano acreditasse tanto nesse falso deus. Estava claro, diante de seus olhos, os prodígios do Deus dos cristãos. Vendo que tudo o que tentava era em vão, o imperador, perdendo de vez sua paciência, por vingança, tramou um novo algoz para Filomena. Louco de raiva, ordenou a seus carrascos que nela prendessem, com grossas cordas, uma âncora de ferro e a jogassem no Rio Tibre. Assim foi feito. Como nada foge aos olhos de Deus, Filomena permaneceu conforme o Salmo expressa: *"Os que confiam no Senhor são como o monte Sião; nunca se abalam e permanecem firme para sempre"* (Sl 125,1). E Jesus Cristo, para mostrar seu poder e sua glória diante dos *falsos deuses dos romanos,* uma vez mais socorreu sua serva fiel, enviando do céu os dois anjos, conhecidos de Filomena, para cortarem as cordas. Assim a âncora desprendeu-se e foi parar no fundo do rio, alojando-se no barro sedimentado. Os anjos levaram Filomena para a margem do rio, sem que nenhuma gota de água tenha molhado suas roupas.

Esse milagre, que foi um enorme sinal de Deus para quem o testemunhou, provocou a conversão de um imenso número de pessoas que ali se encontrava presente.

ACREDITANDO EM SORTILÉGIOS

Os romanos não só acreditavam em seus inúmeros deuses mitológicos, como também em bruxaria, feitiçaria e eram supersticiosos. Quando não achavam argumento que satisfizesse suas crendices, atribuíam o feito à ação do sortilégio.

Diante do prodígio milagroso operado por Deus em favor de Filomena, Diocleciano, para enganar o próprio egocentrismo, começou a proferir frases agressivas, afirmando que a jovem era, na verdade, uma feiticeira, por isso tinha se safado da morte; que aquilo era um tipo de bruxaria usado por ela, por isso seu castigo deveria ser ainda pior. Então ordenou que os melhores arqueiros fossem chamados para mais um ato de maldade e perversidade. Colocada em um determinado ponto, para que todos pudessem ver, ordenou que fosse alvo das setas dos arqueiros. Filomena, ferida em várias partes do corpo, ficou cambaleante, sem forças no corpo e quase morreu no local. Sangrando muito e sentindo dores atrozes, foi jogada no cárcere por ordem do imperador. Lá ficou desfalecida, à espera de algo pior.

Naquele estado deplorável, o que mais se podia esperar era o fim de tudo, a chegada da morte. Em vez disso, o Altíssimo fez com que Filomena caísse em um sono profundo, como forma de recuperar todas as forças de seu corpo, tão sofrido pelas dores e pela perda de sangue.

No dia seguinte, quando acordou, não havia nenhuma cicatriz em seu corpo, ela recobrou todas as forças vitais e estava mais bela ainda.

Crente de que dessa vez sua vontade não havia falhado, ficou chocado quando soube que Filomena estava curada e rejuvenescida. Rapidamente correu a notícia desse novo milagre operado pelo Deus Altíssimo, isso que provocou novas conversões entre o povo que, renegando adoração aos falsos deuses, abraçou a fé em Jesus Cristo.

COLÉRICO E FRAGILIZADO

Recebendo a notícia de que mais esse feito falhou e que Filomena saiu vitoriosa, Diocleciano ficou ainda mais encolerizado a ponto de espumar de raiva. Se todos os seus desafetos morreram com tamanha facilidade, por que uma jovenzinha tão frágil não perecia da mesma forma que os outros? Então, como já havia pensado, fortaleceu ainda mais suas convicções de que a moça, além de princesa, tinha grandes conhecimentos de sortilégios, magias e bruxarias. Essa era a única resposta que ele tinha para tamanhos feitos e tamanhas proezas ocorridos. Além de não querer ser sua esposa, ela o humilhava em seus intentos de torturá-la e fazê-la se dobrar pelo sofrimento.

Ordenou aos arqueiros que novamente a colocassem como centro de mira e lhe desfechassem suas setas para que morresse perfurada. Assim foi feito, mas, por mais que tentassem dispará-las, as setas se recusavam a sair dos arcos. E ele insistia que continuassem, pois aquilo era pura magia praticada por ela.

Não aceitando que, mais uma vez, Filomena tivesse se saído bem de suas maldades, falou aos arqueiros:

– Isso está acontecendo porque é bruxaria. Então teremos de quebrar o encanto, fazendo a prova do fogo. Se for sortilégio, com o fogo ela não vai resistir.

Acenderam uma fornalha, e as flechas de metal ficaram lá até se tornarem vermelhas como as brasas. Embora tenha ordenado aos arqueiros que as lançassem contra ela, esse feito tornou-se nulo, porque as setas vermelhas em brasa disparadas fizeram o percurso inverso e atigiram-nos, fazendo com que os seis arqueiros caíssem mortos.

Esse novo milagre, presenciado por uma uma multidão de pessoas, provocou uma conversão em massa. O povo, renegando a religião idolátrica dos pagãos romanos, louvava e dava glórias a Deus, proclamando o santo nome de Jesus Cristo.

FILOMENA RECEBE A PALMA DA GLÓRIA

Sentindo-se fraco e vendo que tudo o que havia tentado não dera certo, o imperador tomou a decisão final. Como não conseguiu o amor da princesa, que, com sua fé, zombou de sua pessoa, expondo-o à ridicularização, à fragilidade, e converteu, somente com seu testemunho de fé, uma multidão de pessoas ao cristinismo, antes que mais coisas esquisitas acontecessem, tornando-o ainda mais desmoralizado, resolveu decapitá-la. Assim o fez, como fez com tantos outros santos mártires, que hoje estão nos altares da Igreja.

Em uma sexta-feira, dia 10 de agosto, às três horas da tarde, o carrasco decapitou Filomena. Nesse momento, foi encerrada na terra a caminhada da princesinha, que permaneceu firme em seus propósito de ser a esposa do Rei dos reis. Dessa forma, entrou na glória celeste, recebendo a palma da vitória.

Como era comum naquela época, o ódio dos imperadores pagãos permanecia até mesmo quando sua vingança tinha se consumado no corpo de um cristão perseguido e martirizado. Eles deixavam os corpos expostos, em um determinado local, para que os abutres devorassem. Como aqueles corpos eram santos, batizados em nome da Santíssima Trindade, portanto templos do Espírito Santo, como afirmou São Paulo, os cristãos esperavam que a noite caísse e, em silêncio, reunidos em grupo, recolhiam o corpo do irmão morto e levavam para sepultar nas Catacumbas, local onde se encontravam para celebrar a Santa Missa e participar da Eucaristia.

O testemunho de vida vale mais que mil palavras. O exemplo, a fé e a bravura de Filomena não ficaram esquecidos. Quem a invocava, em um momento difícil de doença e aflição, era atendido. Por isso sua fama cresceu e se estendeu para os mais distantes lugares.

ENCONTRADO O CORPO DE SANTA FILOMENA

No dia 24 de maio do ano de 1802, um grupo de escavadores, trabalhando nas catacumbas de Santa Priscila, em Roma, deparou-se com uma sepultura intocada. Dava para perceber que tudo foi conservado como no dia em que o corpo fora ali sepultado muitos séculos antes.

O grupo, dando imenso valor àquela descoberta, deixou para abrir o sarcófago no dia seguinte, 25 de maio. Conforme a decisão do grupo, ao abrir o túmulo, todos ficaram surpresos, pois havia três placas de terracota, pintadas de vermelho, cor símbolo do martírio, em que claramente se lia: PAX TECUM FILOMENA, que, traduzido do latim, quer dizer: A PAZ ESTEJA CONTIGO, FILOMENA. Esse achado foi considerado algo muito precioso, porque, além de conter as relíquias da santa, nele havia seu verdadeiro nome.

Junto a essa placa, as outras continham símbolos fáceis de serem decifrados: a cruz, símbolo da esperança. Em outro plano, o desenho de uma âncora, para mostrar que ela havia sido jogada nas águas. E em outra, o desenho de uma palma, símbolo do martírio. Em um último plano, estava um lírio, simbolizando a pureza.

Dentro do túmulo, além das relíquias da santa, foi encontrada uma âmbula de vidro e, dentro dela, uma porção seca, que, submetida a várias análises químicas, comprovou-se ser de sangue. Portanto, nesse caso, o sangue de Santa Filomena é autêntico, porque foi analisado pelas maiores autoridades científicas da época, na presença de autoridades eclesiásticas, doutores e cirurgiões, que testemunharam todos os passos ocorridos.

Examinando os ossos, os cientistas determinaram que se tratava de uma menina entre doze e treze anos, inclusive mencionando que seu crânio mostrava sinal de que, em vida, tinha sido fraturado.

Todo esse material, ao ter sido minuciosamente examinado, foi colocado em um esquife de madeira e, depois de fechado, foi lacrado com selo de três pontos.

Esse achado foi comentado, conhecido, e muitos milagres ocorreram por meio das santas relíquias de Santa Filomena, virgem e mártir.

AS RELÍQUIAS DE SANTA FILOMENA VÃO PARA NÁPOLES

A devoção a Santa Filomena ganhou força e tornou-se conhecida a partir do encontro de suas relíquias, que permaneceram no silêncio por mil e setecentos anos até serem encontradas.

Depois do reconhecimento e dos exames, foram encaminhadas para a *Capela dos Tesouros*, para onde eram encaminhados os corpos dos santos mártires. Ali permaneciam até vir uma ordem do Santo Padre para que cada relíquia ganhasse um local definitivo em alguma igreja.

Passaram-se três anos, quando, em 1805, o Bispo de Potenza chegou a Roma, acompanhado de um humilde sacerdote, pároco na cidade de Mugnano del Cardinale, uma pequena aldeia nas proximidades de Nápoles, na diocese de Nola. Seu nome era Francisco de Lucia. Foi a Roma, com o bispo, para conseguir a relíquia de um santo para sua paróquia. Para realizar esse seu santo desejo, fez tudo o que pôde. Com esse intento, teve a permissão de visitar o lugar onde se encontravam as relíquias dos santos.

Algo muito especial aconteceu: ao se aproximar do local onde se encontravam as relíquias de Santa Filomena, sentiu um enorme desejo de levá-las para sua paróquia. Como o processo de liberação de uma relíquia tem todos os seus processos e é cheio de burocracias, um amigo do Padre Francisco, sabendo de seu desejo, procurou ajudá-lo e conseguiu lhe oferecer as de um outro santo. Ele relutou em aceitar essa troca, pois pedira as relíquias de Santa Filomena com grande empenho.

Enquanto aguardava a decisão positiva dos reponsáveis, caiu gravemente doente, perdeu o apetite e o tempo todo ardia em febre. O bispo de Potenza chegou a temer por sua vida pela gravidade em que se encontrava.

Em uma noite, enquanto sofria com todos aqueles sintomas, fez uma profunda meditação e, junto a isso, a promessa de ter Santa Filomena como sua especial padroeira e de que a levaria para Mugnano del Cardinale, caso conseguisse a liberação de suas relíquias. De forma miraculosa, Padre Francisco ficou curado no mesmo instante. Ninguém duvidou, até seu bispo acreditou que a cura fora mesmo um milagre da santa.

Seguido a isso, de forma misteriosa, todas as dificuldades se dissiparam, e as relíquias de Santa Filomena foram liberadas para que ele as levasse para sua paróquia. Os ossos e ânfora com o sangue da mártir foram conduzidos com as honras devidas. A primeira parada foi na catedral de Nápoles, onde as relíquias de Santa Filomena foram expostas para veneração. Inúmeros milagres aconteceram enquanto a multidão reverenciava os santos despojos de Santa Filomena.

A CAMINHO DE MUGNANO

Depois da breve permanência em Nápoles, as relíquias continuaram sua caminhada para a paróquia de padre Francisco, em Mugnano, onde ficaria de forma definitiva. Essa ida foi cercada de muitos mistérios. A viagem, realizada em forma de procissão, seguia a pé pelas estradas de terra batida. Durante o trajeto, a noite chegou e o cortejo teve dificuldade de caminhar, porque a escuridão veio de forma espessa. Ninguém conseguia enxergar nada na frente. Os viandantes resolveram rezar pedindo a Santa Mártir que os ajudasse. De uma forma prodigiosa no céu, as nuvens se dispersaram, e a lua surgiu clara e brilhante. A estrada tornou-se clara e visível, e todos puderam caminhar com total segurança.

O itinerário chegou a uma aldeia, chamada Cimitile. De maneira misteriosa, as relíquias tornaram-se tão pesadas que os condutores tiveram de parar naquele local por alguns momentos. A explicação desse fato foi bem compreendida, porque, no passado, durante as perseguições aos cristãos, nesse local eles eram martirizados. Santa Filomena quis que todos ali parassem como uma forma de lembrar e reverenciar seus irmãos que, pela fé em Jesus Cristo, banharam aquelas terras com seu sangue.

Nessa época, a região de Cimitile estava sofrendo uma enorme seca, e os agricultores não conseguiam semear, em seus campos, pela falta de chuva. Diante de tão preciosa presença, os camponeses se ajoelharam diante das relíquias de Santa Filomena e rezaram com imensa fé: "Sois, pois, uma santa diante do trono de Deus, com os méritos pelos sofrimentos que padecestes em razão de vossa fé. Sede, pois, agora, na glória em que vive e intercedei a Deus por nós, para que a chuva benfazeja venha banhar a terra para que possamos nela semear". Após essa fervorosa oração, a procissão seguiu seu percurso e, momentos depois, quando já caminhavam longe, o céu escureceu, e a chuva abençoada caiu sobre as terras de forma abundante. O povo, agradecido, louvou a Deus e agradeceu à poderosa intercessão de Santa Filomena mártir.

UM VIOLENTO TUFÃO SURGE DO NADA

Enquanto percorriam, às vezes em oração e outras em silêncio, os caminhantes foram surpreendidos por um forte tufão, que varreu toda a encosta da serra. Os peregrinos, em pânico e aterrorizados, gritavam: Deus e Santa Filomena, valei-nos!

Um dos sacerdotes que acompanhavam a procissão falou à multidão: "Não tenhais medo! Esse temporal foi uma manifestação do demônio, reconhecendo em Santa Filomena, a mártir forte e determinada, os inúmeros bens que fará em Mugnano. Ele quis impedir. Não tenhais medo, ele não pode nada contra nós". O povo foi testemunha ocular de um prodígio, porque aquele vento tempestuoso e violento chegou a rugir. A sensação que havia era de que queria atingir a todos. Porém, quando se aproximou das relíquias de Santa Filomena, deteve-se, e sua fúria foi dominada de forma misteriosa. Em um lapso de momento, subiu em direção ao espaço e se desfez. O povo, ainda com a expressão de horror nas faces presenciou outro fato miraculoso. Apesar da ventania apavorante, nenhuma vela que estava nas mãos dos peregrinos se apagou. Todas permaneciam acesas enquanto caminhavam ao redor das relíquias da santa.

Durante dois dias seguidos, o demônio ainda tentou contra o povo, fazendo vento e tempestade nas colinas dos arredores. Fez sua raiva explodir, mas de nada adiantou. Ele sabia que Mugnano se tornaria um local de fé, peregrinações e milagres. Deus derramaria graças e bênçãos a quem ali fosse pedir a intercessão de Santa Filomena.

Rapidamente a cidade de Mugnano (diz-se Munhano) transformou-se em um local santo e famoso; isso permanece até os dias de hoje. Peregrinos do mundo inteiro vão reverenciar, agradecer ou pedir uma graça a Santa Filomena em seu santuário.

MILAGRES EM MUGNANO

Em Mugnano, havia um homem, que se encontrava enfermo, prostrado sobre uma cama há vários meses. Essa situação o imposibilitava de trabalhar ou fazer qualquer outro tipo de atividade. Tendo ouvido a notícia de que as relíquias da santa mártir chegaria à cidade, colocou-se em oração, pedindo a ela um milagre: ficar curado para poder voltar a trabalhar e ter uma vida normal. Em seus pensamentos, desejava ficar de pé para beijar as santas relíquias. Entretanto aconteceu algo estranho: suas preces pareciam não ser ouvidas pela santa, pelo contrário, os sintomas da enfermidade aumentaram. Ainda assim, ele não desanimou e rezou ainda mais e com intenso fervor.

A pedagogia de Deus é fantástica e infalível; às vezes, falta-nos prestar atenção nas atitudes divinas. Quando, pela manhã, os sinos da igreja de Mugnano tocaram, anunciando a chegada das relíquias, o enfermo, de uma forma misteriosa, saltou da cama, vestiu-se com uma certa dificuldade e saiu ao encontro da procissão. Participou de toda a cerimônia. Quando regressou a sua casa feliz e edificado, tomou consciência de que havia recebido o milagre que pedira com tanta fé: estava totalmente curado.

Também uma senhora viúva, durante a Santa Missa, pediu a Santa Filomena a cura de seu filho que, por ser aleijado, não podia ficar de pé. No momento da consagração, quando o sacerdote elevou a Hóstia Consagrada, o garoto levantou-se em um impulso rápido e correu para a urna que estavam as relíquias da santa para lhe agradecer sua cura.

Terminada a Santa Missa, o garoto percorreu as ruas da cidade com sua mãe, causando enorme admiração de todos que o viam totalmente curado e andando de forma normal. Esse fato, na tarde desse dia, atraiu muita gente para a igreja.

Outro milagre aconteceu com uma pobre mãe, cujo filho pequenino havia perdido totalmente a visão, em consequência da varíola; seu caso era irreversível e ele estava desenganado pelos médicos. A piedosa mãe tocou seu dedo no azeite da lamparina, que estava diante das relíquias da santa, e passou nos olhos da criança que milagrosamente recuperou a visão, passando a enxergar no mesmo momento.

CRESCE A FAMA DE SANTA FILOMENA

Até o início do século XIX, Santa Filomena ainda era desconhecida pela Igreja e pelo resto do mundo. Nada se sabia a seu respeito e nenhum registro havia nos martirológios da Igreja. Não se pode, contudo, ignorar a preciosidade da literatura oral. Na vida de Jesus, nem tudo o que Ele fez foi escrito pelos evangelistas. Por isso, no fim de seu Evangelho, o Apóstolo São João faz uma importante explicação: "Jesus fez ainda muitas outras coisas, que, se fossem escritas uma por uma, penso que nem o mundo inteiro poderia conter os livros que se deveriam escrever" (Jo, 21,25). É lógico que se trata de uma hipérbole, uma comparação exagerada para explicar a quantidade enorme dos feitos de Jesus. Se não fosse a tradição oral, não saberíamos que um dos crucificados ao lado de Jesus tinha o nome de Dimas. Assim ocorreu com Santa Filomena. A história de sua vida, seus feitos e prodígios não ficaram perdidos no tempo e chegaram até nós por meio da oralidade.

Antes do mencionado século terminar, seu nome já era falado por toda a cristandade, principalmente pelos Cardeais, Arcebispos, Bispos, Sacerdotes, Clero Secular, Superiores de Ordens e Congregações Religiosas. E não somente o era entre os cristãos, mas também entre personalidades eminentes, como Reis, Rainhas, Príncipes, nobres e plebeus, e até as pessoas mais humildes e desconhecidas, olhavam e se dirigiam para a insignificante aldeia de Mugnano. Todos iam rezar, ovacionar, agradecer ou pedir algo à gloriosa mártir.

Sua fama espalhou-se por toda a Itália, seguiu para a França, Espanha, Portugal e por toda a Europa. Em pouco tempo, em várias partes do mundo, foram construídas capelas, igrejas e santuários em sua honra. Pequenas partículas de suas relíquias estavam na América, Austrália, China e no Japão. E, por toda a parte, eram muitos os relatos de milagres operados por sua intercessão.

Onde suas imagens e seus quadros eram expostos para a veneração pública, muitos milagres aconteciam.

MILAGRE COM A IMAGEM DE SANTA FILOMENA

Quem vai em peregrinação a Mugnano, quando entra no santuário, pelo lado esquerdo da igreja, em frente à capela onde se encontra a ânfora com o sangue de Santa Filomena, pode ver, em uma rica urna, sua imagem de cera, lacrada por uma placa de cristal, que permite ao devoto vê-la e venerá-la. É comum, no interior de uma imagem de cera de um santo, produzida por um artista, serem colocados seus ossos como preciosas relíquias. Assim, ela torna-se preciosa por conter em si algo que fez parte do corpo do santo. A imagem de Santa Filomena está revestida de riquíssima roupagem e, em um de seus dedos, na mão direita, há um anel de ouro maciço, com pedra de topázio, um presente do papa São Pio X.

Assim como em Nápoles acontece o milagre do sangue de São Januário, que, talhado durante o ano, torna-se líquido na hora da Santa Missa no dia de sua festa, na visão de todos, o sangue e a imagem de Santa

Filomena passam por transformações extraordinárias presenciadas por inúmeros peregrinos e testemunhadas como autênticas manifestações.

Quando essa imagem saiu das mãos do artista que a modelou, estava muito distante de ser considerada uma obra-prima perfeita, clássica. O rosto estava mal modelado, com um aspecto grosseiro, as faces estavam embranquecidas, dando uma aparência anêmica de alguém doente, os lábios eram grossos sem a delicadeza dos lábios de uma adolescente. A boca de forma geral tinha uma forma estranha como se tivesse se contraindo. Para complicar ainda mais a situação, o esquife de madeira de ébano, oferecido pelo bispo, era curto; por essa razão, a posição que foi dada à imagem não tinha elegância. Mesmo assim, o esquife foi fechado, selado e a chave foi guardada em Nápoles.

A primeira transformação que notaram foi quase de imediato, assim que ela chegou a Mugnano. Isso se deu no dia 29 de setembro quando deveria ser colocada em um altar da igreja, feito especialmente para ela. Para a surpresa de todos, a imagem tinha sofrido uma modificação total, apesar de o selo garantir que a urna não foi aberta por ninguém e de a chave ter sido conservada em Nápoles. O rosto tosco ganhou uma beleza delicada, em tom róseo, lábios finos e um leve sorriso. Tornara-se elegante e clássica, como as obras dos grandes mestres de esculturas. Os cabelos, as mãos e a posição das setas também haviam se modificado.

A segunda transformação se deu vinte anos depois, no ano de 1824, quando a primeira urna foi substituída por outra mais elaborada, com trinta centímetros a mais, proporcionando uma distância entre ela e os pés da imagem. Os cabelos novamente haviam se modificado, eram mais abundantes, e os olhos abriam-se, várias vezes, diante dos devotos que rezavam diante da imagem do corpo da santa. Depois, com o passar do tempo, misteriosamente, ela se estendeu, chegando à outra extremidade da urna.

Um novo fato prodigioso, que deixou o povo impressionado, aconteceu em 1841. A imagem fora colocada em uma posição que só de perfil era possível vê-la. Para o espanto de todos, sem que ninguém a tivesse tocado, ela virou o rosto, deixando-o visível a todos.

Em 27 de maio de 1892, padre Paulo, durante sua estada em Mugnano, junto com demais peregrinos, viu a imagem passando de pálida para um rosto corados, e os lábios ficarem, às vezes, abertos e, outras vezes, cerrados. Fato esse testemunhado por autoridades eclesiásticas e pessoas seculares. Não era possível nenhum efeito humano, porque a imagem conservava-se fechada e lacrada por uma placa de cristal, e as chaves, em três cópias, estavam em posse de três autoridades eclesiásticas diferentes, sendo uma delas em poder do bispo da cidade de Nola.

A IMAGEM PRODIGIOSA

Uma imagem de madeira de Santa Filomena, que se encontra no santuário de Mugnano e participa das procissões realizadas pelas ruas da cidade durante a festa em sua honra, é profundamente amada e venerada pelo povo. Essa imagem foi ofertada pelo Cardeal Ruffo-Scilla, em 1806.

No ano de 1823, durante a procissão, as pessoas que a transportavam em um andor sentiram que, de repente, ela ficou cada vez mais pesada. Os peregrinos, olhando para o rosto da imagem, ficaram perplexos, porque ela havia adquirido uma coloração de um rosto humano e parecia uma pessoa viva.

No dia seguinte, enquanto os devotos veneravam a santa imagem, perceberam que seu rosto transpirava, e o ar do ambiente todo exalava um perfume. Do rosto, essencialmente da testa e dos olhos, essa transpirava, chegou a cair sobre o relicário próximo aos pés da imagem.

Esse prodígio durou muito tempo, assim como outros ocorridos por meio das imagens de Santa Filomena, foi presenciado por uma multidão de testemunhas e, dessa forma, considerado autêntico pelas autoridades eclesiásticas.

OS PAPAS OVACIONAM SANTA FILOMENA

Desde que as relíquias foram encontradas, houve grande cuidado e precauções rigorosas para assegurar a maior exatidão e veracidade do precioso achado, para que tudo permanecesse de forma autêntica. Foram levados em consideração a todos os prodígios realizados mediante sua intercessão, isso fez com atraísse o olhar e a atenção de todos sobre a nova santa. Muitos milagres, atribuídos a ela, foram analisados de forma rigorosa, alguns até enviados a tribunais eclesiásticos para serem avaliados. Havia um sério cuidado para não serem criadas fantasias a respeito de tão séria devoção. E, de fato, nunca foi encontrado nada que não fosse verdade. É magnífico observar que até os Papas honraram e reverenciaram Santa Filomena.

O **papa Leão XIII**, repetidas vezes, manifestou sua admiração em relação aos extraordinários milagres operados pela santa mártir adolescente. Gostava de ouvir o testemunho de quem foi miraculado por sua intercessão. Não teve dúvida de permitir que fossem erguidas capelas e igrejas em sua honra e que fosse sempre expandida sua devoção.

O **papa Gregório XVI** foi testemunha de um grande milagre de Santa Filomena. **Paulina Maria Jericot**, que se encontrava profundamente enferma e debilitada, visitou-o em Roma antes de empreender viagem para Mugnano. Quando voltou de sua peregrinação, foi a Roma vê-lo totalmente curada. O Santo Padre, admirado, exclamou:

– É realmente minha querida filha ou estou eu tendo uma visão do outro mundo?

O Papa ficou impressionado com a cura de Paulina. Não duvidou, mas, para fortalecer as convicções da devoção a Santa Filomena, ordenou que a Sagrada Congregação dos Ritos fizesse uma rigorosa investigação desse e de outros fatos. Tudo isso tinha uma finalidade: canonizá-la. No fim dos trabalhos, ele a elevou às honras dos altares. E, assim, o Papa Gregório XVI, no dia 13 de maio de 1837, canonizou Santa Filomena.

O **papa Pio IX** com certeza foi o que divulgou essa devoção. Enquanto Arcebispo de Espoleto, já era seu fervoroso devoto e promotor de sua devoção. Depois de um tempo, quando foi transferido e tornou-se Arcebispo de Imola, caiu gravemente doente a ponto de muitos recearem por sua vida. Próximo a seu leito, havia uma imagem de sua querida santa de devoção. Em um dado momento, sentiu a imagem tremer e ouviu o barulho de uma pancada. Imediatamente o arcebispo ficou curado. Após alguns anos, chegou à cátedra de Pedro e se tornou o papa Pio IX. Valendo-se de sua posição, foi, em peregrinação, ao santuário de Mugnano, acompanhado do rei e da rainha de Nápoles. Venerou piedosamente suas relíquias, celebrou a Santa Missa e declarou Santa Filomena a segunda padroeira do reino de Nápoles. Não parou por aí, pois, em 1894, declarou-a padroeira das Filhas de Maria. Também concedeu a ela um ofício próprio, algo muito raro. E, quando já sentia que partiria para eternidade, mandou a Mugnano um presente para honrar ainda mais sua santa protetora.

O **papa Leão XII**, antes de ser Papa, foi duas vezes em peregrinação a Mugnano. Como Papa, ofereceu uma cruz preciosa ao santuário. Aprovou a Confraria de Santa Filomena, elevando-a à condição de Arqui-Confraria e enriquecendo-a com indulgências.

O **papa São Pio X** foi também um grande devoto de Santa Filomena. Por um emissário especial, mandou um anel de ouro e outros presentes para ela. Gostava de ouvir relatos sobre as pessoas que foram miraculadas pela santa. Durante sua vida e em seu pontificado, mostrou-se sempre um devoto fervoroso.

O que pensar de uma devoção tão fervorosa de vários Papas a uma santa mártir, tão querida e milagrosa? Essa admiração por ela levou-os a declararem Santa Filomena como a grande "Taumaturga" do século XIX. Diante de tanta veneração por uma santa, tão invocada pelos Sumos Pontífices, Santa Filomena, com seu testemunho de fé e coragem, serve-nos de exemplo de como podemos fortalecer nossa fé, nossas convicções em Jesus Cristo.

DUPLICAÇÃO DOS LIVROS

Um fato muito interessante, que não poderia deixar de ser mencionado nestes relatos, foi o caso da multiplicação dos livros, ocorrida dentro dos feitos miraculosos de Santa Filomena.

O padre Francisco de Lucia, que havia pleiteado e recebido as relíquias da santa em sua paróquia, desejou ardentemente que todos os milagres por ela operados ficassem conhecidos. Dentro desse objetivo, escreveu um livro. A primeira edição foi vendida rapidamente. O autor da obra, querendo reservar alguns exemplares para distribuir de forma particular, mandou vir de Nápoles os 225 livros restantes. Foram colocados sobre uma mesa e divididos em cinco pilhas. Em seguida, para evitar poeira, cobriu quatro pilhas com uma toalhas, a quinta ficou descoberta, pois sempre havia alguém querendo um exemplar do livro.

Durante um tempo, de cinco a seis meses, distribuíram-se, quase que diariamente, centenas de exemplares do tão afamado livro, sempre tirados da mesma pilha, sem que ninguém percebesse que o volume de livros, daquela única pilha, não diminuía.

Uma tarde, ao voltar para casa, foi surpreendido por um fato. Apesar de seu quarto ter estado totalmente fechado, o chão estava coberto de livros. Como não havia explicação para aquele fato misterioso, o bom sacerdote ficou pensando que Santa Filomena fizera aquilo para demonstrar que não havia gostado. Mas, observando-os sobre a mesa, viu que todos estavam organizados, intocados e que, naquela pilha da qual os tirava, ainda havia 19 exemplares. Fazendo um cálculo rigoroso, descobriu que, embora houvesse um total de 72 exemplares, só daquela pilha haviam saído mais de 500. Essa multiplicação dos livros foi mais um milagre de Santa Filomena. Algo misterioso, porém verídico, tão verdadeiro quanto suas fotos que foram também inúmeras vezes duplicadas.

SANTA FILOMENA E O SANTO CURA D'ARS

No capítulo referente aos Papas que ovacionaram Santa Filomena, foi citado o episódio referente à visita da jovem Maria Paulina Jericot ao papa Gregório XI, a quem relatou sua cura milagrosa ao visitar as relíquias de Santa Filomena, em Mugnano. Vale ressaltar aqui que Maria Paulina, embora tenha nascido em uma família abastada, era muito católica, por isso, desde pequena, vivia uma ascese religiosa profunda. Foi fundadora de duas instituições: Sociedade da Propagação da Fé e a Associação do Rosário Vivo. Foi beatificada em 22 de maio de 2022 pelo Cardeal Luis Antonio Tagle, em nome do papa Francisco. Ao regressar de Mugnano e após ter visitado o Santo Padre Gregório XI, foi à cidade de Ars, na França, para visitar seu venerável amigo Padre João Maria Vianey, conhecido como o Cura D'Ars.

Enquanto escutava com atenção e enlevo os relatos de Maria Paulina Jericot sobre sua cura diante das relíquias de Santa Filomena, o santo sacerdote sentiu um fogo abrasar seu coração e um amor devocional à jovem mártir. Foi imensa a alegria do Padre Vianney quando Maria Paulina lhe ofereceu parte das preciosas relíquias de Santa Filomena que ela havia ganhado em sua peregrinação a Mugnano. Imediatamente junto à igreja, erigiu uma capela dedicada a Santa Filomena mártir, onde ficaram depositadas suas relíquias.

Em pouco tempo, essa capela tornou-se local de muitas curas, inumeráveis conversões e grandes milagres.

Padre João Maria Vianney, por um voto todo especial, consagrou-se a Santa Filomena, com a qual teve logo uma intimidade santa. Tudo ele fazia para divulgar a devoção a santa, e ela tudo fazia por ele. Teve o imenso privilégio de tê-la visto, inúmeras vezes, em experiências místicas e de dialogar com ela. Tudo o que ele pedia pelos outros, em suas preces, entregando a ela esses pedidos, ela, como intercessora, concedia-lhe tudo.

Padre Vianney era um taumaturgo. Longe de isso ser motivo de orgulho, privilégio ou vaidade, para ele era um fardo muito pesado. Ele até brincava que preferia que ela fizesse seus milagres fora daquele local, por saber que muitos poderiam atribuir a ele o feito. Sua humildade fazia com que assim pensasse.

Certa vez, quando a igreja estava lotada de gente, uma mãe, em desespero, suplicou ao Padre Vianney que abençoasse seu filhinho doente. Comovido com tal súplica, o sacerdote não teve outra alternativa a não ser abençoar a criança, que ficou curada na hora. Tendo ficado perplexo com o fato ocorrido, pediu que todos saíssem de dentro da igreja. Então desabafou: *Preferia que Santa Filomena tivesse curado essa criança lá na casa onde se encontra e não aqui.* Ele sabia que esses milagres eram operados por ela, mas, como sempre, tinha medo de que atribuíssem a ele esses feitos.

De tanto falar de sua querida padroeira e difundir a devoção a ela, em toda a sua diocese havia igrejas, capelas e altares dedicados a Santa Filomena.

A devoção era tanta que, para o padre, algumas datas passaram a ser celebradas com toda a pompa: em 11 de agosto acontecia a principal festividade; em 25 de maio celebrava-se o dia em que foram encontradas as relíquias da santa; o domingo seguinte, no oitavário da Ascensão do Senhor, celebrava-se seu patrocínio sobre a cidade de Ars. Era nessa ocasião que multidões iam em peregrinação para os grandes festejos de Santa Filomena.

O SANTO CURA D'ARS É MIRACULADO

Um fantástido livro biográfico, do Cônego Francis Trochu, premiado pela Academia Francesa de Letras, detalha em particular a vida cotidiana de Padre João Maria Vianney, por todos conhecido como o Cura D'Ars, ou seja, o pároco de Ars. Durante os inúmeros relatos biográficos, encontram-se as penitências que fazia em excesso. Fazia muitos jejuns e, quando se alimentava, não consumia alimentos que nutriam seu corpo. Na maioria das vezes, comia batatas assadas ou cozidas. Também dormia pouco e passava, a maior parte do tempo, dentro do confessionário atendendo os peregrinos que iam confessar seus pecados, ou pedir aconselhamentos ou a cura de alguma doença física. O corpo do sacerdote ia se definhando de forma rápida e assustadora. Em dado momento, ficou fraco e debilitado. O povo que ia de longe, de todos os lugares, todos os pontos da França, da Inglaterra, da Irlanda, da Alemanha e de outros inúmeros países da Europa, a sua procura partilhava daquela tristeza. Ainda que tudo parecia estar chegando ao fim, não paravam de chegar os peregrinos que não se davam por vencidos diante da enfermidade do sacerdote. O tempo todo o povo ficava em oração intercedendo por sua cura.

Antes de sua chegada, Ars era uma cidade desconhecida. O povo, quando ele chegou, foi com ele grosseiro e o repeliu. Mas este desconsiderou tudo por amor ao Reino de Deus e pelo rebanho rebelde a ele confiado. Rezava o tempo todo e fazia penitência por seus paroquianos. E deu certo, porque eles se converteram mediante seus exemplos e seu testemunho. Seu sorriso puro e evangélico comovia e convertia. Ars se tornou, assim, uma cidade de peregrinação onde as pessoas iam se encontrar com Deus por intermédio de seu pároco. Mas, diante da situação em que se encontrava, parecia que sua missão estava chegando a seu termo.

Principiando o mês de maio de 1843, mesmo tão frágil, queria atender a todos. Então tentou substituir o atendimento do confessionário pelas pregações e orações diretas do púlpito, mas não deu certo, porque sentiu-se mal. Após isso, tiveram de levá-lo e deitá-lo no catre, que ele usava como cama. Embora os melhores médicos tenham ido atendê-lo e lhe dado ótimos remédios, tudo era inútil, pois começou a ter febre e tremedeira. Nisso, esvaíram-se as esperanças. Seu coadjutor paroquial ministrou-lhe a unção dos enfermos e, quando lhe perguntou: "Perdoa a seus inimigos?", o santo respondeu: "Nunca desejei mal a ninguém".

Durante a noite toda, enquanto o sacerdote agonizava sobre seu catre, o povo ficou em vigília. Alguns, comovidos, temiam pelo término de sua jornada. Ao clarear do dia, como não apresentou nenhuma melhora, padre Vianney pediu a seu vigário paroquial que celebrasse uma missa no altar de Santa Filomena. No começo da celebração, com o rosto sereno, viu algo que ninguém teve o privilégio de ver. Ao término da Santa Missa, exclamou ao enfermeiro que o assistia: "Meu amigo, algo extraordinário aconteceu comigo! Estou totalmente curado!" Santa Filomena, cujo nome ouviram o padre balbuciar durante vários momentos, foi a seu auxílio. Ela havia aparecido e com ele dialogou.

Quando alguém dizia que sua cura fora um milagre, ele confirmava que sim. Recuperado e revigorado, foi até o altar do Santíssimo Sacramento, ajoelhou-se e inflamou sua alma e seu coração em atos de amor e adoração a Jesus. Depois, dirigiu-se ao altar onde estava a imagem e a relíquia de Santa Filomena, rezou pleno de alegria e satisfação. Ela havia lhe aparecido como portadora da bênção da saúde, enviada por Deus.

TESTEMUNHOS DE REVELAÇÕES

Ao concluirmos esses relatos, não se poderiam, de forma alguma, omitir uns testemunhos a respeito da vida e da autenticidades dos fatos. Nessa questão, a Igreja é muito cautelosa para não cometer equívocos. Por isso empreendeu um trabalho de pesquisas sobre a vida pessoal de Santa Filomena tão logo que suas relíquias foram encontradas nas catacumbas. Como pudemos ver no início, muitos dos fatos pessoais dos santos mártires foram escritos e deixados junto a seus restos mortais. Por isso hoje sabemos da vida de tantos santos. Se não fosse assim, seria impossível conhecer algo sobre cada um deles.

No passado, muitos de seus devotos, ansiosos, queriam saber mais sobre a vida de Santa Filomena e sobre o martírio que sofrera por Jesus Cristo. Então, puseram-se em orações pedindo a santa uma resposta. Santa Filomena, que não deixa ninguém sem resposta, revelou sua vida e seu martírio de forma igual, contendo todos os pormenores, a três pessoas, que não se conheciam e viviam em lugares muito diferentes.

Essas revelações, feitas em condição de caráter privado, não deixaram dúvidas e passaram a ter grande valor, porque confirmaram seus escritos biográficos e os símbolos que estavam em seu sarcófago. Por isso o primeiro livro biográfico de Santa Filomena, em italiano, recebeu o imprimatur da Congregação do Santo Ofício. Isso, porém, não significa que a Igreja garanta a autenticidade das revelações, mas deixa claro que não existe algo que seja digno de censura.

As informações nos permite citar uma das três pessoas que receberam as revelações de Santa Filomena: Madre Maria Luisa, Superiora-Geral da Congregação das Dores de Maria, que faleceu, em odor de santidade, no ano de 1875.

SANTA FILOMENA NO BRASIL EM UMA PARÓQUIA EM CURITIBA

No bairro Hugo Lange, na avenida Augusto Strasser, em Curitiba, às margens da ferrovia, há uma capela que originariamente era dedicada a Santa Filomena. Estava sempre lotada de devotos que iam participar da Santa Missa e rezar aos pés da imagem da santa. Essa devoção, que era grande, conseguia atrair e levar o povo para as atividades da paróquia, deixou a capela conhecida e famosa. Mas, quando ela foi entregue aos cuidados de uma congregação religiosa, o novo pároco, querendo homenagear os patronos de sua congregação, retirou a milagrosa e querida imagem de Santa Filomena e a colocou na sacristia, relegada aos esquecimento. Assim que Santa Filomena saiu de seu nicho, o povo também abandonou a capela. Toda aquela massa de gente que frequentava as missas se transformou em um grupo pequeno de pessoas.

Passados alguns anos, a capela foi entregue aos cuidados dos Frades Dominicanos. O sacerdote designado a ser o pároco, sabendo do carinho que o povo nutria por Santa Filomena, retirou sua imagem da sacristia e a colocou de volta em seu altar tão conhecido pelos fiéis. Sem retirar os novos padroeiros do altar-mor, Santa Filomena voltou ao convívio de seus devotos e trouxe novamente o povo para as atividades religiosas da paróquia. Isso mostra que um santo nunca para de agir! Mesmo do paraíso, continua a trabalhar pelo Reino de Deus. Santa Filomena, por intermédio de seus devotos, continua a testemunhar sua fé, seu testemunho de vida e seu amor por Jesus Cristo.

Localidades com seu nome em solo brasileiro

Santa Filomena (Santana de Munhuaçu), Minas Gerais.
Santa Filomena (Ouricuri), Pernambuco.
Santa Filomena, Piauí.

Cidades onde há devoção a Santa Filomena

Paróquia de São Cristovão – Avenida Tiradentes – Bairro Luz.

Paróquia Nossa Senhora da Conceição – Praça Sílvio Romero – Tatuapé.

Paróquia Nossa Senhora Aparecida – Lauzane Paulista.

Paróquia do Sagrado Coração de Jesus – Santo André-SP – Bairro Jardim.

Igreja Nossa Senhora do Rosário – Bairro do Portão – Atibaia-SP.

Igreja São José – Bairro Mandaqui.

Igreja São Francisco de Assis – Rua Silvia, 159 – São Caetano do Sul-SP.

Igreja São Carlos Borromeu – Vila Prudente.

Igreja de São Gonçalo Mártir – Praça João Mendes – Liberdade.

Capela de Santa Filomena – Rua Marechal Deodoro, 639 – São Bernardo do Campo-SP.

Paróquia Nossa Senhora de Fátima – Rua Padre João, 709 – Bairro Penha.

Paróquia de Santa Filomena – Santo Antônio da Platina-PR.

Paróquia de Santa Filomena – Fortaleza-CE.

Paróquia de Santa Filomena – Juiz de Fora-MG.

Paróquia de Santa Filomena – Franca-SP.

Paróquia de Santa Filomena – Campina Grande-PB.

Paróquia de Santo Antônio (Devoção semanal a Santa Filomena) – Macatuba-SP.

Capela de Santa Filomena – Parelheiro – Bairro Anadarí-SP.

Capela de Santa Filomena e Santo Expedito – Bragança Paulista-SP.

Paróquia de Santa Filomena – Palmas-TO.

Paróquia de Santa Filomena – Campinas-SP.

Na cidade de Sorocaba

Santuário de Santa Filomena

Rua Eliezer Barbosa Lima, 531 – Jardim Maria do Carmo – Sorocaba-SP.

FILOMENA, ANJO DA LUZ

Letra e música: Adauto Felisário Munhoz
Canta: KAREM FERNANDA
Gravado em Discos Railway

Num pequeno reino da Grécia,
uma princesinha nasceu,
Filomena "Anjo da Luz",
foi o nome que recebeu.

Filha de pais convertidos,
criada com muito amor,
consagrou-se aos doze anos,
inteirinha, a Nosso Senhor.

Filomena, "Anjo da Luz",
que brilha no esplendor do céu,
pede por nós a Jesus,
diante do trono de Deus.

Ameaçado pelo rei de Roma,
foi seu pai em busca da paz.
Filomena e sua mãe foram juntas,
não queriam guerras jamais.

Vendo uma jovem tão bela,
o rei se fez expressar,
não atacar e proteger,
se a jovem com ele casar.

Filomena...

Ser imperatriz de Roma,
isto não lhe seduz.
Filomena já se consagrou,
seu esposo amado é Jesus.

Sentindo-se rejeitado,
mandou Filomena à prisão,
talvez se arrependesse
e lhe amasse com devoção.

Filomena...

Filomena permaneceu firme,
diante de algoz tão cruel,
protegida pela Mãe de Deus
e o Arcanjo São Gabriel.

Nem a âncora e as setas
conseguiram lhe fazer mal.
Deus a revigorava,
e ela voltava ao normal.

Filomena...

Vendo tantos prodígios,
o rei deu fim nessa história,
decapitou a princesa,
Filomena no céu ganhou glória.

Filomena, hoje no céu,
é um lindo raio de luz.
Sua missão, curar e ajudar
e levar todos a Jesus.

DEVOCIONÁRIO

Ladainha de Santa Filomena

Composta por São João Maria Vianey (Cura D'Ars)

Senhor, tende piedade de nós.

Jesus Cristo, tende piedade de nós.

Senhor, tende piedade de nós

Jesus Cristo, ouvi-nos.

Jesus Cristo, atendei-nos.

Pai Celeste, que sois Deus, tende piedade de nós.

Filho de Deus, Redentor do mundo, tende piedade de nós.

Espírito Santo, que sois Deus, tende piedade de nós.

Santíssima Trindade, que sois um só Deus, tende piedade de nós

Santa Maria, rainha das virgens, **rogai por nós**.

Santa Filomena, templo da verdadeira humildade.

Santa Filomena, cheia de abundantes graças desde o berço.

Santa Filomena, fiel imitadora de Maria.

Santa Filomena, vítima do amor de Jesus.

Santa Filomena, modelo das virgens.

Santa Filomena, templo da perfeita humildade.

Santa Filomena, abrasada no zelo da glória de Deus.

Santa Filomena, exemplo de força e de perseverança.

Santa Filomena, espelho das mais heroicas virtudes.

Santa Filomena, firme e intrépida diante dos tormentos.

Santa Filomena, flagelada como o vosso Divino Esposo.

Santa Filomena, que preferistes as humilhações da morte aos esplendores do trono.

Santa Filomena, que convertestes as testemunhas do vosso martírio.

Santa Filomena, que cansastes os furor dos algozes.

Santa Filomena, protetora dos inocentes.

Santa Filomena, padroeira da juventude.

Santa Filomena, asilo dos desgraçados.

Santa Filomena, saúde dos doentes e enfermos.

Santa Filomena, nova luz da Igreja peregrinante.

Santa Filomena, que confundia a impiedade do século.

Santa Filomena, cujo nome é glorioso no céu e temível no inferno.

Santa Filomena, ilustre pelos mais esplêndidos milagres.

Santa Filomena, poderosa junto de Deus.

Santa Filomena, que reina na glória.

Cordeiro de Deus, que tirais os pecados do mundo,
ouvi-nos, Senhor.

Cordeiro de Deus, que tirais os pecados do mundo, perdoai-nos, Senhor.

Cordeiro de Deus, que tirais os pecados do mundo, tende piedade de nós.

Rogai por nós, Santa Filomena, para que sejamos dignos das promessas de Cristo.

Oremos:

Nós vos suplicamos, Senhor, que nos concedais o perdão dos nossos pecados pela intercessão de Santa Filomena, Virgem Mártir, que foi sempre agradável aos vossos olhos pela sua eminente castidade e pelos exercícios de todas as vossas virtudes.

Santa Filomena, rogai por nós (três vezes).

ORAÇÃO A SANTA FILOMENA

Ó gloriosa virgem e mártir, Santa Filomena, que, do céu onde reinais, comprazei em fazer cair sobre a terra benefícios sem limites, eis-me aqui prostrado aos vossos pés para vos implorar socorro para as necessidades que tanto me afligem. Vós sois poderosa junto a Jesus, como provam os inúmeros prodígios que se operam por toda parte onde sois honrada e invocada. Alegro-me ao vos ver tão grande, tão pura, tão santa e recompensada no céu e na terra. Atraído por vossos exemplos à prática de sólidas virtudes e cheio de esperança à vista das recompensas concedidas aos vossos merecimentos, eu me proponho vos imitar, pela fuga do pecado e pelo perfeito cumprimento dos mandamentos do Senhor.

Ajudai-me, pois, ó grande e poderosa santinha, nesta hora tão angustiante em que me encontro. Alcançai-me a graça (pedir a graça) e, sobretudo, uma pureza inviolável, uma fortaleza capaz de resistir a todas as tentações, uma generosidade que não recuse a Deus nenhum sacrifício e um amor forte como a morte pela fé em Jesus Cristo, uma devoção a Maria Santíssima e ao Santo Padre e ainda a graça de viver santamente a fé para um dia estar convosco no céu, por toda a eternidade. Amém.

– *Reza-se 1 Pai-nosso, 1 Ave-Maria e 1 Glória.*

NOVENA

1º dia: O rei e a rainha pedem um filho

Os soberanos do pequeno reino da Grécia desejavam ardentemente terem um filho ou uma filha, mas a rainha era estéril. O tempo passava, e essa dádiva não vinha. O médico do reino, que era um cristão fervoroso, sugeriu aos soberanos que fizessem um pedido e uma promessa a Jesus Cristo: se lhes presenteasse com a vinda de um filho ou uma filha, tornar-se-iam cristãos. O Divino Salvador ouviu a prece de ambos, e, em pouco tempo, a rainha ficou grávida.

Oremos: Ó Deus de bondade, que sempre ouvis o clamor de vosso povo, principalmente a quem pede com fé e o coração contrito, por intercessão de Santa Filomena, mártir pela fé, abençoai-nos, protegei-nos e fortalecei nossa fé. Amém!

– *Rezar 1 Pai-nosso, 10 Ave-Marias e 1 Glória.*

2º dia: A conversão dos soberanos

Comprovada a gravidez da rainha, uma enorme alegria tomou conta do rei. Ambos pediram ao santo médico, hoje nos altares como São Públio, que os instruísse na fé. Com toda a atenção e dedicação, ele catequizou o casal de soberanos. Anunciou para eles o Evangelho e, dessa forma, tornou Jesus Cristo conhecido, amado, adorado e seguido por eles. Catequizados, receberam a água do santo batismo e tornaram-se cristãos convictos.

Oremos: Ó Deus de bondade, que sempre ouvis o clamor de vosso povo, principalmente a quem pede com fé e o coração contrito, por intercessão de Santa Filomena, mártir pela fé, abençoai-nos, protegei-nos e fortalecei nossa fé. Amém!

– Rezar 1 Pai-nosso, 10 Ave-Marias e 1 Glória.

3º dia: Nasce uma menina

A gestação se completou. No dia 10 de janeiro daquele ano, veio ao mundo, para a alegria de seus pais, uma linda menina, que recebeu o nome de Lumena, "Luz da Fé". No dia de seu batizado, foi acrescentada a seu nome a palavra Filo, "Filha da Luz", que, unida a Lumena, se transformou em Filomena, o "Anjo da Luz". Essa menina significava uma dádiva de um pedido feito a Deus e o cumprimento da promessa do Altíssimo. Desde pequena, foi a alegria de seus pais, que, de tão apegados a ela, não suportavam ficar muito tempo longe da filha.

Oremos: Ó Deus de bondade, que sempre ouvis o clamor de vosso povo, principalmente a quem pede com fé e o coração contrito, por intercessão de Santa Filomena, mártir pela fé, abençoai-nos, protegei-nos e fortalecei nossa fé. Amém!

– *Rezar 1 Pai-nosso, 10 Ave-Marias e 1 Glória.*

4º dia: Alegria de seus pais

Filomena crescia forte e destemida, sob o olhar e o carinho de seus pais. Teve todos os privilégios que merece uma princesa: estudos acadêmicos, formação religiosa, conhecimentos das ciências gerais, história, geografia e humanismo. Desde pequena, aprendeu a respeitar as pessoas, principalmente os menos favorecidos. Tinha verdadeiras lições de exemplo e testemunho de caridade com sua mãe que cuidava dos pobres do reino. Cristã e católica, foi instruída na fé e nos conhecimentos bíblicos e evangélicos. Filomena era devotíssima a Jesus Cristo e a ele se consagrou muito cedo como sua esposa mística.

Oremos: Ó Deus de bondade, que sempre ouvis o clamor de vosso povo, principalmente a quem pede com fé e o coração contrito, por intercessão de Santa Filomena, mártir pela fé, abençoai-nos, protegei-nos e fortalecei nossa fé. Amém!

– Rezar 1 Pai-nosso, 10 Ave-Marias e 1 Glória.

5º dia: Viagem a Roma

O império romano governava o mundo desde a planície Ibérica até o oriente, incluindo a Grécia e todo o seu território. Diocleciano, o imperador de Roma, quis criar problemas com todos os reinos, inclusive com os menores. Em um destes, os pais de Filomena eram os soberanos. Para evitar sofrimento de seu povo e por causa dos flagelos que poderiam passar, o rei empreendeu uma viagem a Roma, com a esposa e a filha, no intuito de suplicar ao imperador que não prejudicasse seu povo e não lhe fizesse mal algum. Com esse objetivo, a família real viajou por vários dias, até chegar a Roma.

Oremos: Ó Deus de bondade, que sempre ouvis o clamor de vosso povo, principalmente a quem pede com fé e o coração contrito, por intercessão de Santa Filomena, mártir pela fé, abençoai-nos, protegei-nos e fortalecei nossa fé. Amém.

– Rezar 1 Pai-nosso, 10 Ave-Marias e 1 Glória.

6º dia: O pedido do imperador

Diocleciano, encantado com a beleza da princesa adolescente, prometeu evitar a guerra contra o pequeno reino e até proteção, caso aceitassem seu pedido de casamento. O imperador pagão era um bígamo e, usando de seus poderes, achava que poderia fazer tudo, inclusive se casar com um menina, mesmo sendo casado. Filomena, sem se encantar com essa proposta de ser a nova rainha do império romano, afirmou ser consagrada como esposa de Jesus Cristo, o filho de Deus. Sua atitude causou tanta raiva no soberano que ele decidiu puni-la por tamanho desacato.

Oremos: Ó Deus de bondade, que sempre ouvis o clamor de vosso povo, principalmente a quem pede com fé e o coração contrito, por intercessão de Santa Filomena, mártir pela fé, abençoai-nos, protegei-nos e fortalecei nossa fé. Amém.

– Rezar 1 Pai-nosso, 10 Ave-Marias e 1 Glória.

7º dia: Insistências do imperador

Diocleciano, que não era de desistir fácil das coisas que queria, após prender e torturar Filomena, esperava amolecer seus sentimentos e receber dela uma resposta positiva quanto a seu pedido de casamento. Mas, para sua maior decepção, ela estava ainda mais fortalecida, tanto física quanto emocionalmente em sua fé. Sua resposta continuou sendo negativa, já que não tinha medo das torturas, da prisão e dos sofrimentos, porque sabia que tinha Deus a seu lado, amparando-a e encorajando-a a seguir firme em suas convicções.

Oremos: Ó Deus de bondade, que sempre ouvis o clamor de vosso povo, principalmente a quem pede com fé e o coração contrito, por intercessão de Santa Filomena, mártir pela fé, abençoai-nos, protegei-nos e fortalecei nossa fé. Amém.

– Rezar 1 Pai-nosso, 10 Ave-Marias e 1 Glória.

8º dia: Visita de Nossa Senhora

Recusado por Filomena, Diocleciano sentiu na pele o que era ser humilhado. Uma menina derrubou seu orgulho e suas prepotência, mantendo-se firme em suas convicções. Por mais que seus pais insistissem, a fim de que ela mudasse de ideia, ela manteve-se inabalável. Por causa disso, foi presa e torturada. Então, Nossa Senhora lhe apareceu com o Menino Jesus na prisão e lhe pediu que tivesse paciência, porque tudo aquilo acabaria. Assim, Deus a manteve firme, forte e revigorada.

Oremos: Ó Deus de bondade, que sempre ouvis o clamor de vosso povo, principalmente a quem pede com fé e o coração contrito, por intercessão de Santa Filomena, mártir pela fé, abençoai-nos, protegei-nos e fortalecei nossa fé. Amém.

– *Rezar 1 Pai-Nosso, 10 Ave-Marias e 1 Glória.*

9º dia: A glória

A decisão de Filomena em manter-se firme na fé e em sua consagração ao Divino Redentor chegou ao fim. Irado e cheio de vingança, Diocleciano mandou Filomena ser decapitada. Seu martírio comoveu a muitos e provocou muitas conversões. Deus não deixou a menina mártir esquecida. No tempo certo, fez com que suas relíquias fossem encontradas. E tal qual uma semente no seio da terra que germina, brota, cresce e se torna uma árvore frondosa, Filomena, para honra e glória de Deus e da Igreja, em pouco tempo, saiu do anonimato para que sua fama de intercessora e santa dos milagres corresse o mundo. E, hoje, é amada, reverenciada e invocada como nossa intercessora no céu.

Oremos: Ó Deus de bondade, que sempre ouvis o clamor de vosso povo, principalmente a quem pede com fé e o coração contrito, por intercessão de Santa Filomena, mártir pela fé, abençoai-nos, protegei-nos e fortalecei nossa fé. Amém.

– *Rezar 1 Pai-Nosso, 10 Ave-Marias e 1 Glória.*

ORAÇÕES

Oração pela juventude

Santa Filomena, padroeira da juventude, rogai por nós. Santa Filomena, asilo dos desgraçados, rogai por nós. Santa Filomena, remédio e saúde dos enfermos, rogai por nós. Santa Filomena, nova luz da Igreja peregrinante, rogai por nós.

Oração a Santa Filomena contra a depressão

Santa Filomena, sofreste imensa tortura física e psicológica na prisão, inundada de aflição, medo e angústia, pelas incertezas do futuro que a esperava. Impossível imaginar o sofrimento de uma menina de treze anos, munida de tanta coragem. Hoje, na glória de Deus, eu te invoco como minha intercessora e protetora diante dos sofrimentos em que me encontro neste momento. A tortura psicológica da depressão me causa enorme sofrimento, desespero, dor e me causam pensamentos negativos de morte, de desânimo, de degradação e falta de metas e objetivos. Cuida de mim, ó minha protetora, corajosa, forte e determinada. Retira de mim esta dor mental, que me tortura, que me faz sofrer e me impede de ser feliz nesta vida. Inunda meu coração de paz, mansidão, vida e esperança com tua coragem e determinação. Roga a Jesus Cristo por mim e por todos que sofrem depressão. Santa Filomena, que és o asilo dos desgraçados, roga por nós. Santa Filomena, saúde dos doentes físicos e mentais, roga por nós. Santa Filomena, nova luz da Igreja peregrinante, roga por nós.

Santa Filomena, sê minha força e consolação contra o sofrimento da depressão.

Coroinha de Santa Filomena

A coroinha de Santa Filomena é constituída de contas brancas, que lembram sua pureza virginal, e as contas vermelhas, seu martírio. Compõe-se de três contas brancas em honra à Santíssima Trindade. As treze contas vermelhas representam os 13 anos de vida de Santa Filomena, em sua breve existência sobre a terra. Esse tercinho é uma forma de manifestar devoção a santa.

Muitos rezam-no fazendo uma novena, outros até diariamente, como forma de obter sempre a proteção de Santa Filomena.

Medalhas de metal, imagens e quadros

As medalhas de Santa Filomena, que são usadas por muitos no pescoço, no chaveiro da casa ou do carro, como forma de proteção, precisam ser bentas por um sacerdote, antes de serem usadas, assim como todas as imagens de gesso ou resina e todos os quadros da santa, pois a bênção do padre autentica a sacralidade do objeto religioso. Em algumas delas, na outra face, vem cunhada a imagem do Santo Cura D'Ars.

Catena de Santa Filomena (Cordãozinho)

O cordão de Santa Filomena deve ser usado na cintura, sobre a roupa externa (e não diretamente na pele), e, se possível, não deve ser retirado. Não há necessidade de ser feita uma cerimônia, basta que seja bento por um sacerdote. Se esse, com o tempo, ficar gasto e se romper, pode ser substituído por outro, que deve ser bento novamente por um sacerdote.

É usado pelos doentes, pelos aflitos, pelos depressivos

e pelos que se encontram em constante luta por causa das tentações perigosas. Nesses casos, os resultados são admiráveis. É também uma proteção contra acidentes e qualquer tipo de mal.

Trata-se de um cordão muito semelhante a um barbante, porém mesclado com as cores branca e vermelha. A cor branca simboliza a pureza e a virgindade de Santa Filomena, e a cor vermelha, seu martírio, a cor de seu sangue derramado por Jesus Cristo, quando foi decapitada.

Azeite de Santa Filomena

É um costume homenagear Santa Filomena com uma lamparina. É um tipo de vela bem pequenina que se coloca em um copo ou frasco apropriado. São colocados uns dois dedos de água, uns três de azeite de cozinha e sobre ele a pequena lamparina, que se alimenta do azeite. Em vez de uma vela de parafina, usa-se a lamparina. Quando se acende uma lamparina em homenagem a Santa Filomena, colhe-se o azeite, que se usa para ungir a parte do corpo que se encontra enferma.

Após a lamparina ter ardido diante da imagem de Santa Filomena, retira-se esse azeite para uso de cura. Antes de ungir a parte enferma do corpo, pede-se a intercessão, as forças e a cura por intermédio da santa.

Pia União de Santa Filomena

A Pia União de Santa Filomena é uma associação que reúne os católicos devotos da santa. É reconhecida pela Igreja e pede algumas atividades de seus membros, como: usar o cordão bento, rezar diariamente a Coroinha, confessar-se, comungar ao menos uma vez por mês, propagar a vida e os feitos de Santa Filomena, tornando-a conhecida para que outras pessoas também possam recorrer a ela e beneficiar-se de sua intercessão. Muitos membros da Pia União costumam usar fitas na hora da Santa Missa. Outros fazem uso da medalha ou do broche com a insígnia da associação.

Normalmente, nas paróquias, existem sacerdotes empenhados na difusão da devoção a Santa Filomena, havendo também a Pia União de Santa Filomena. Nas igrejas onde se venera sua imagem se distribuem seus sacramentais, como o frasquinho de óleo e o cordão.

Oração a Santa Filomena contra peste e outras doenças contagiosas

Pelo poder do Preciosíssimo Sangue de Nosso Senhor Jesus Cristo e pela intercessão de Santa Filomena, livrai-me, Senhor, de todas as pestes e pragas espalhadas pelos ares. Toda a obra maligna seja destruída e lançada no abismo. Protegei-me, Santa Filomena! Sede minha intercessora diante de Jesus. A vós me consagro como devoto! Revesti-me de vossa proteção e cobri-me com vossa bênção.

Oração pedindo a proteção de Santa Filomena

Ó castíssima virgem, ó invicta mártir de Jesus Cristo, como Ele flagelada pelos algozes, Santa Filomena, eis-me prostrado de corpo e alma diante de vós, a quem escolho para minha amorosa advogada, para que eu seja digno de vossa intercessão junto do Altíssimo, para meu proveito espiritual e temporal. Bem sei que gozais do mais alto favor junto a Deus e à Virgem Santíssima, o que faz com que nada vos seja negado, nenhuma graça que lhe pedis, como o provam os inumeráveis prodígios que se operam continuamente pelo Onipotente e Misericordioso Deus por toda parte, onde se acrescenta vosso santo nome Filomena. Ele, por sua sapientíssima providência, escolheu-vos para ser nossa esperança, nosso refúgio e auxílio nas horas de aflição e desespero. Vós sois nosso socorro neste século atribulado. Bendigo e glorifico ao Senhor pela glória e pelo poder com que hoje vos coroa. Protegei-me, minha amada santinha, e fazei-me sentir os efeitos de vossa imensa caridade, alcançando-me a graça de que, com tanta urgência, necessito... Ó Deus, sede eternamente louvado e bendito em vossos Santos. Santa Filomena, valei-me. Amém.

– 1 Pai-Nosso, 3 Ave-Marias, em honra do sangue da Mártir.

Festa litúrgica de Santa Filomena

Celebra-se no dia 10 de agosto de cada ano. A novena em sua honra começa no dia primeiro desse mês.

Padroeira do Rosário Vivo

A **Beata Maria Paulina Jericot**, fundadora do movimento do *Rosário Vivo*, durante uma enfermidade foi curada milagrosamente por Santa Filomena, de quem se tornou devotíssima e a incluiu como patrona desse movimento. Por isso Santa Filomena é também padroeira do *Rosário Vivo* e dos grupos que rezam o Rosário em comunidades.

Jaculatória *(em um momento difícil, exclamar:)*

– Santa Filomena, por seu amor a Jesus, curai-me e livrai-me deste problema.

ICONOGRAFIA

Santa Filomena, mártir
Relíquias de Santa Filomena, em Mugnano na Itália

Santuário de Santa Filomena, Sorocaba-SP

Capela de Santa Filomena, São Bernardo do Campo-SP

REFERÊNCIA BIBLIOGRÁFICA

Santa Filomena, a Grande Milagrosa. Padre Paulo O'Sullivan-Londres, 1956. Gráfica Biblos, São Paulo, 1958.

ÍNDICE